UNE VISITE

aux Établissements

A. BADIN & FILS

à CARENTIN

ROUEN

IMPRIMERIE JULES LECERF fils

1904

UNE VISITE

Aux Établissements

A. BADIN & FILS

A BARENTIN

(Seine-Inférieure)

ROUEN

IMPRIMERIE JULES LECERF FILS

1904

HOMMAGE A M. BADIN

MANUFACTURIER

A BARENTIN (Seine-Inférieure)

———— ⟩⟨ ————

Vous m'avez fait l'honneur de me permettre de visiter vos magnifiques établissements.

Je suis encore sous le charme de tout ce que j'ai vu et admiré ; aussi, pour vous témoigner ma reconnaissance, veuillez me permettre de vous offrir ce petit opuscule, où j'ai réuni les notes que j'ai pu prendre sur le vif.

J'ai voulu faire plaisir à vos ouvriers en parlant de leurs travaux, et j'ai cru faire œuvre morale en portant à la connaissance du public, qui les ignore, les belles institutions que vous avez créées pour votre nombreux personnel.

Puisse votre exemple rencontrer de nombreux imitateurs.

Veuillez agréer, Monsieur, l'hommage de ma haute considération.

M. L. BOISGENTIN.

14 Avril 1894.

A Messieurs A. et G. BADIN

Une fois de plus je viens d'admirer la magnifique installation de vos usines et les remarquables institutions dont vous avez doté votre personnel ouvrier.

Je me fais un plaisir, en revoyant mes notes d'autrefois, de les compléter en signalant l'étape parcourue.

Ces deux exposés faits à près de dix ans de distance établiront de la meilleure façon les progrès réalisés.

M. L. B.

15 Janvier 1904.

UNE VISITE

AUX ÉTABLISSEMENTS

A. BADIN & FILS

Le train venant de Rouen, après avoir franchi la vallée de la Sainte-Austreberthe [1] sur le joli viaduc qui joint les deux coteaux, arrête à la station de Barentin-Embranchement.

Je descends, par la route nationale du Havre à Paris, dans le fonds de la vallée où est située la commune de Barentin, qui s'étend à droite et à gauche du viaduc ; la commune compte aujourd'hui 6,000 habitants ; elle doit l'accroissement rapide de sa population aux industries qui s'y sont développées, et particulièrement la filature du lin et celle du coton.

Avant de quitter le centre de la commune, je vais visiter la nouvelle mairie qui a été construite en arrière de l'ancienne et à l'extré-

(1) Petite rivière qui prend sa source au-delà du chef-lieu de canton de Pavilly, pour se jeter dans la Seine, à Duclair, après un parcours de 15 kilomètres.

mité de la place du Marché. La façade du bâtiment est d'un style sévère et élégant; l'organisation intérieure permet de réunir et abriter tous les services communs : salle de séances du Conseil municipal, secrétariat de mairie, police municipale, postes et télégraphes, salles particulières pour les réunions des Sociétés communales et le logement particulier des fonctionnaires.

Prenant ensuite la route de Duclair, je contourne l'église du pays édifiée à mi-côte, et, quittant le bourg principal, je suis la vallée; à quelques centaines de mètres de l'église, je vois à ma droite de longues rangées d'habitations ouvrières, symétriquement disposées en étages, sur le flanc du coteau ensoleillé.

Ce bel ensemble forme la cité ouvrière, véritable ruche humaine à l'heure des repas et les jours de fête. J'y reviendrai tout à l'heure, car je me propose bien de la visiter avec soin et de me rendre compte des aménagements prévus pour le bien-être des familles.

Je laisse sur ma gauche la filature de coton, et saluant en passant le cercle des établissements, véritable palais ouvrier, j'entre à la filature de lin qui, en sa qualité d'aînée, mérite d'être visitée la première.

J'y rencontre M. G. Badin, qui veut bien

me sacrifier ses nombreuses occupations et m'initier à l'ensemble des travaux de la filature de lin qu'il dirige tout particulièrement.

FILATURES DE LIN, CHANVRE ÉTOUPES ET JUTE

La filature de lin occupait autrefois plusieurs filatures disséminées dans le département de la Seine-Inférieure; l'établissement de Barentin, qui ne se composait que d'une toute petite filature, est le seul qui a pu continuer de travailler sous la direction de M. A. Badin, qui modifia et perfectionna cette industrie dans la vallée, en la développant successivement depuis 1853.

C'est en 1842 que M. A. Badin, accompagnant sa famille, vint à Barentin, à l'âge de douze ans. Son père, qui s'occupait de filature à la main, voyant cette vieille industrie appelée à disparaître devant les progrès réalisés par la filature mécanique, dut venir chercher du travail à la filature de Barentin, où il entra comme acheteur de lin. M. A. Badin, qui avait déjà quelques connaissances de filature, prit rang comme chef des rattacheurs.

De 1843 à 1847, il poursuivit son apprentissage, en passant successivement par tous les ateliers, toujours à la recherche de connaissances nouvelles, et c'est ainsi qu'après avoir été ouvrier, surveillant, il fut distingué par son patron qui en fit son directeur en 1847.

En 1853, M. Badin put louer pour son compte la filature de lin dont il devint propriétaire en 1860. Le bâtiment de la filature d'autrefois existe toujours, mais il se trouve enserré au milieu de nombreuses constructions, conservant le souvenir des agrandissements successifs.

La *force motrice* pouvant être utilisée par la filature de lin est d'environ 1,800 chevaux-vapeur produits par deux machines à vapeur alimentées par dix générateurs.

Il existe un transport de force électrique de 225 chevaux.

La filature de lin comprend environ 17,000 broches, plus 1,200 broches pour retordre; elle occupe dans ses divers ateliers 1,100 ouvriers.

Nous parcourons successivement les immenses magasins où sont réunies toutes les matières premières : lins, chanvres, étoupes, jute de toutes provenances, puis les ateliers particuliers :

Machines à peigner, où sont plus particulièrement employés les jeunes gens.

Salles de classage, où les hommes de métier peignent à fond les fibres textiles et les classent suivant la couleur et la finesse.

Ateliers de préparations, où les matières réunies sur des tables à étaler, ou à l'aide de cardes, sont transformées en rubans qui, après avoir subi des étirages successifs, deviennent de plus en plus légers par l'allongement. Ces petits rubans subissent un commencement de torsion aux bancs à broches, puis réunis sur de grosses bobines sont portés aux métiers à filer.

Salles de filature, où les mèches de préparation subissent une dernière transformation ; les fils sont recueillis sur des bobines et les dévideuses les mettent en écheveaux qui sont ensuite réunis en paquets de différents poids, suivant les numéros obtenus. Le paquetage est la dernière opération donnée aux fils vendus en écru.

Ateliers de retorderie et corderie. C'est un atelier de construction récente où l'on retord les fils en deux, trois et quatre bouts, et où l'on fait les fils pour corderie. Il comprend également les machines pour mettre les gros fils sur rolls et épeules destinés à être employés sans autre préparation dans les tissages.

Une blanchisserie est annexée à la filature de lin ; elle donne aux fils écrus les nuances les plus diverses, depuis le jaune clair au blanc le plus éclatant.

FILATURE DE COTON

M. Georges Badin veut bien me faire visiter également la filature de coton.

C'est en 1871 que M. Badin joignit à sa filature de lin une première filature de coton ; ce fut un commencement bien modeste, en raison de l'importance d'aujourd'hui.

La *force motrice* pouvant être utilisée aujourd'hui est d'environ 3,500 chevaux-vapeur produits par cinq machines à vapeur alimentées par douze générateurs.

Les installations de plusieurs transports de force électrique peuvent transmettre 800 chevaux, dont la moitié est utilisée ; l'autre moitié pourrait l'être en cas d'accident.

On utilise également la force (relativement minime) de deux roues hydrauliques. La filature de coton comprend actuellement 121,000 broches et 22,500 broches à retordre ; elle occupe un personnel de 1,150 ouvriers.

Nous parcourons les différents ateliers, et c'est avec la plus vive attention que je suis les diverses transformations du coton.

Salles de battage et carderie, où les cotons sont battus, secoués et réunis en rouleaux qui subissent aux cardes un nettoyage plus complet :

rien de plus beau que ce premier travail où les duvets de coton entraînés en nappes légères et transparentes vont former à l'avant de chaque carde un ruban qui subit ensuite toutes les transformations de filature. Nous passons devant les laminoirs qui s'arrêtent automatiquement sitôt qu'un ruban vient à casser; les bancs à broches, multipliés et filant de plus en plus fin, jusqu'aux métiers à filer qui sont au centre de cette belle salle à rez-de-chaussée qui couvre près de deux hectares.

On ne sait que trop admirer : ou l'agencement des machines, ou le travail de chacune d'elles. Il est vraiment merveilleux de voir des métiers renvideurs (ou Mull Jenny) filer à la fois mille fils qui sont conduits et surveillés par un fileur et ses rattacheurs.

Nous remarquons, d'un autre côté, la vivacité avec laquelle les jeunes filles, conduisant les métiers continus, rattachent avec une prestesse sans égale les quelques fils qui viennent de casser subitement.

Les fils, recueillis sur bobines, sont dévidés en échevettes, puis paquetés, suivant le numéro et la qualité.

Il est difficile de se rendre compte, dans une seule visite, de la multiplicité de ces transformations, et on se figure sans peine quel effort d'activité et d'intelligence qu'il faut faire pour conduire, coordonner tous ces travaux qui s'enchaînent et auxquels viennent se joindre les difficultés toujours renaissantes dans l'achat des matières premières et la vente des produits fabriqués.

Il ne m'appartient pas de m'étendre sur les perfectionnements réalisés dans le mode de travail, dans l'emploi des machines, dans les différentes combinaisons si complexes de la filature du lin et du coton. En dehors des établissements de Barentin, MM. A. Badin et Fils possèdent une filature de coton, sur la commune de Pavilly, comprenant 25,000 broches actionnées par une machine à vapeur de 700 chevaux. Elle compte un personnel de 200 ouvriers.

Avant de quitter les établissements, je dois une mention particulière aux ateliers de réparation des deux usines; ils sont si bien composés et si bien ordonnés : les machines et les outils les plus perfectionnés sont mis à la disposition d'un personnel adroit et expérimenté qui peut ainsi faire face à tous les besoins de l'industrie, entretien et changement des métiers qui fonctionnent, et même les grosses réparations des machines à vapeur.

Je n'ai garde également d'oublier les cheminées. La batterie des générateurs de la filature du lin est actionnée par deux cheminées de même hauteur, 50 mètres, ayant 1 ^{m} 75 de diamètre intérieur à l'ouverture. Celle du coton est activée par le tirage d'une cheminée qui me frappe doublement d'abord, parce qu'elle a pris, il y a deux ans, la place d'une cheminée très forte déjà (60 mètres de hauteur, 1 ^{m} 80 de diamètre intérieur), mais qui était devenue excessivement gênante, les salles de filature ayant entouré sa base ; aussi, pour faciliter l'installation de plusieurs métiers, MM. A. et G. Badin n'avaient pas hésité à la sacrifier et à en faire édifier une autre à une cinquantaine de mètres. C'est bien la plus haute de la région (90 mètres d'élévation, avec 2 ^{m} 75 de dia-mètre intérieur à l'ouverture).

La visite des établissements étant terminée, M. Georges Badin veut bien me présenter à son père, et je suis tout heureux de faire sa connaissance.

Du reste, M. A. Badin m'accueille d'une façon si bienveillante que je n'hésite pas à lui dire quels sont les sentiments qui m'ont poussé à visiter ses établissements, combien je suis heureux de m'entretenir avec lui sur les ques-tions ouvrières, et de voir par moi-même la marche des nombreuses institutions qu'il a créées pour ses ouvriers, et leurs résultats particuliers.

Après quelques minutes d'entretien, M. Badin me dit, avec une bonhomie charmante :

« Vous aimez vraiment les ouvriers et vous
» vous intéressez à tout ce qui peut améliorer
» leurs conditions? Et bien! ne nous en tenons
» pas alors à des paroles et venez avec moi;
» vous verrez par vous-même ce que j'ai fait. Il
» vous sera plus facile de vous faire une opinion
» personnelle s'appuyant sur des renseigne-
» ments exacts et recueillis à l'improviste. »

C'était certainement ce qui pouvait me faire le plus grand plaisir.

M. A. Badin ajouta : « Si vous le voulez
» bien, nous allons visiter de suite la cité
» ouvrière, les écoles, l'orphelinat; puis je
» vous ferai connaître les œuvres entretenues
» par la Société A. Badin et Fils, c'est-à-dire
» les œuvres purement patronales. Ensuite, je
» vous mettrai en contact avec les administra-
» teurs des différentes institutions où le con-
» cours actif des ouvriers est non-seulement
» nécessaire, mais indispensable. »

Je reprends mon carnet et note comme précédemment mes diverses impressions.

MAISONS D'HABITATION

Il est certain que le plus grand avantage que peut obtenir un ouvrier, c'est d'avoir dans un logis bien exposé et d'un prix de loyer modeste tout le confort qui lui fait aimer son chez soi, où il reste volontiers dans les jours de repos au milieu de sa famille.

Sous ce rapport, la cité ouvrière des établissements réalise bien, suivant les conditions particulières des ouvriers, l'avantage désiré.

Comme exposition, on ne pouvait rien obtenir de mieux, et le coteau qui fait face aux établissements reçoit le soleil toute la journée.

Bien que réunies en groupes, chaque habitation a son entrée particulière, son jardin parfaitement clos et les services intérieurs : cave, cabinets, buanderie, sont bien personnels à chaque locataire. De plus, chaque famille a la jouissance de l'eau, soit qu'on la prenne à l'intérieur de la maison à l'aide d'un robinet, ou aux bornes-fontaines placées de distance en distance sur les voies principales.

Cette eau provient d'une source très pure qui a été captée pour les besoins des établisse-

ments et de la cité. Elle est refoulée par une pompe hydraulique dans un grand bassin d'alimentation qui se trouve sur le coteau où sont établies les maisons ouvrières, et c'est de ce bassin que partent toutes les conduites de distribution.

De plus, dans toutes les maisons, il y a l'installation du gaz pour l'éclairage et la cuisine.

En dehors de ces aménagements particuliers, les habitations se composent généralement de deux grandes salles au rez-de-chaussée, la cuisine et la salle à manger, et trois chambres à coucher au premier étage.

Le loyer de chaque habitation est payé à la quinzaine ou par trimestre, et varie de 3 fr. 50 à 8 fr. 65 par quinzaine, soit donc un loyer annuel de 91 à 225 francs.

Il est certain qu'il est difficile de se procurer un logement suffisant pour ce prix; aussi nous expliquons-nous aisément que ces habitations soient très demandées, en raison des avantages particuliers, de la modicité de leur prix et leur rapprochement des ateliers.

MM. A. Badin et Fils gardent à leur charge les impositions et tous les frais d'assurance et de réparations.

Ayant pu me procurer plusieurs croquis des différents modèles de maisons édifiées dans la

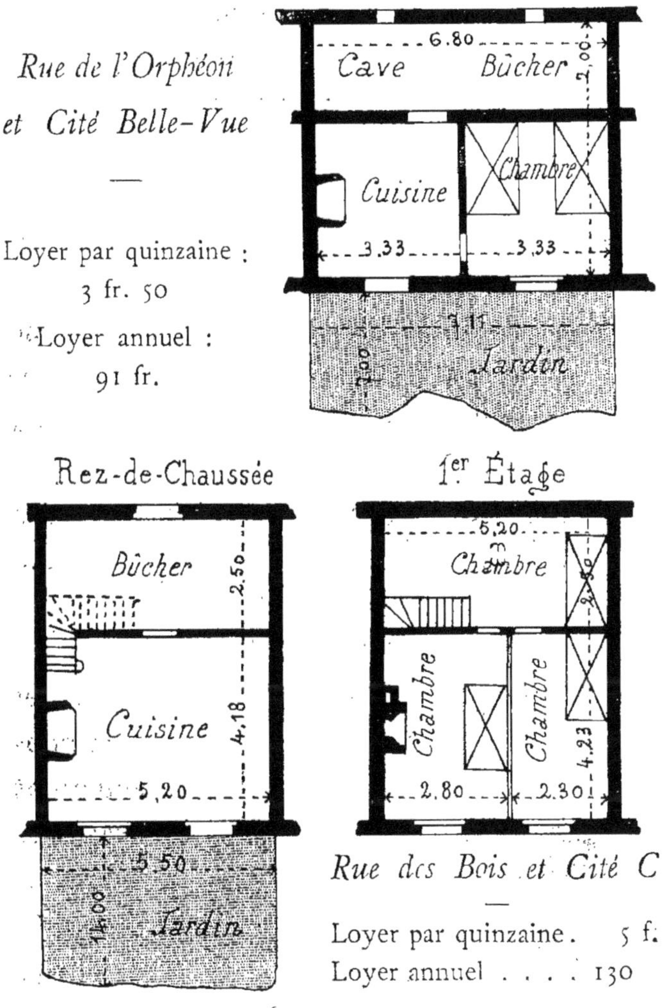

Rue de l'Orphéon et Cité Belle-Vue

—

Loyer par quinzaine :
3 fr. 50

Loyer annuel :
91 fr.

Rue des Bois et Cité C

—

Loyer par quinzaine.   5 f.
Loyer annuel 130

cité ouvrière, je les place ici à titre de renseignements complémentaires.

Rue du Jute

Loyer par quinzaine. 61.50

Loyer annuel   169   »

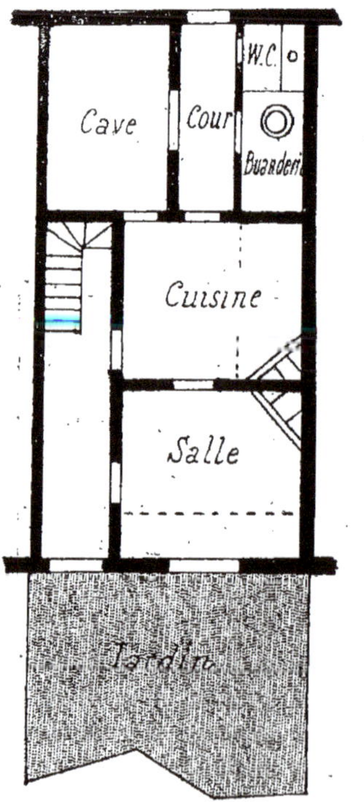

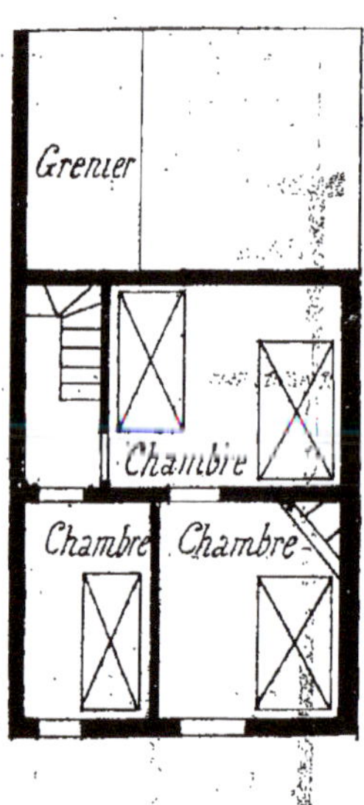

Rue du Lin

Loyer par quinzaine. . . . . 7 f. 25

Loyer annuel 188 25

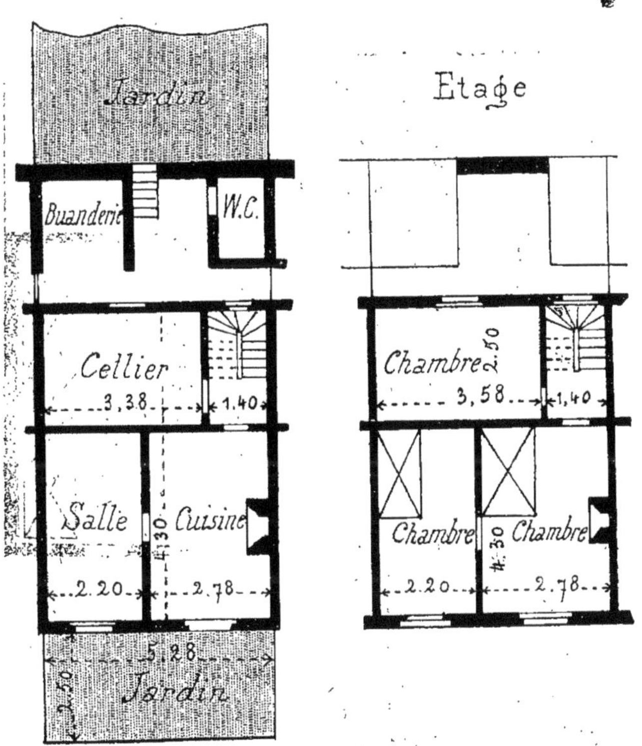

Rue du Coton

Loyer par quinzaine. . . . .   7 f. 25

Loyer annuel 188 25

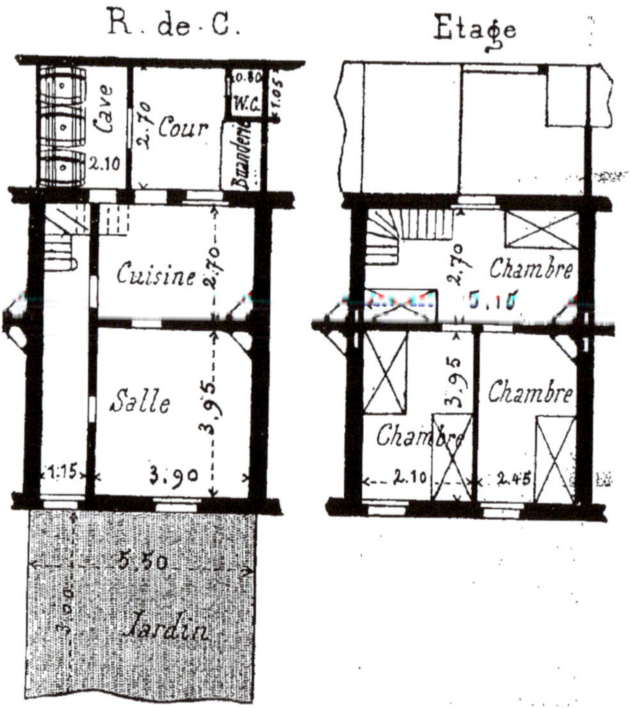

Rue Madeleine

(LOGIS POUR CONTREMAITRES)

Loyer par quinzaine 81.65

Loyer annuel. 224 90

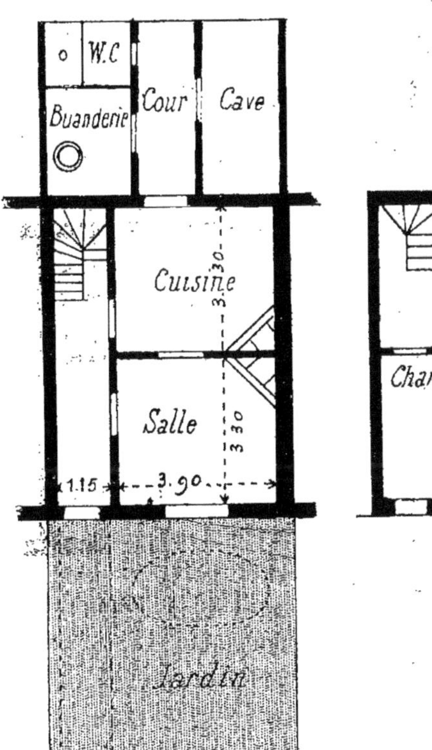

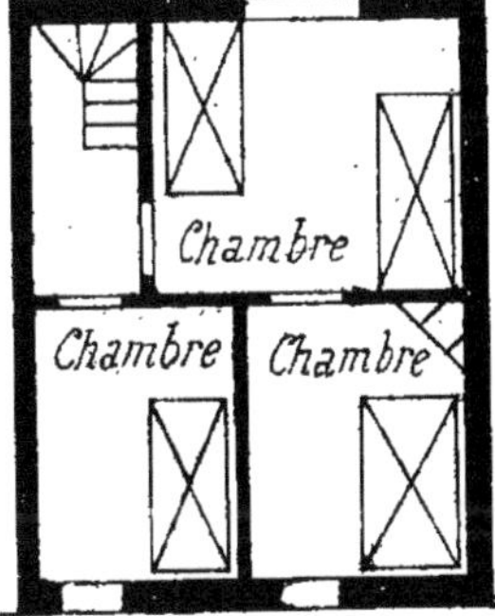

LOGIS POUR EMPLOYÉS

Loyer annuel . . . . 250 francs.

R · de · C.

Etage

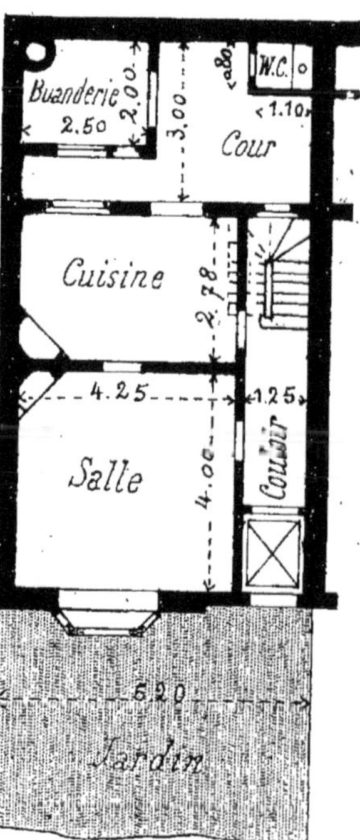

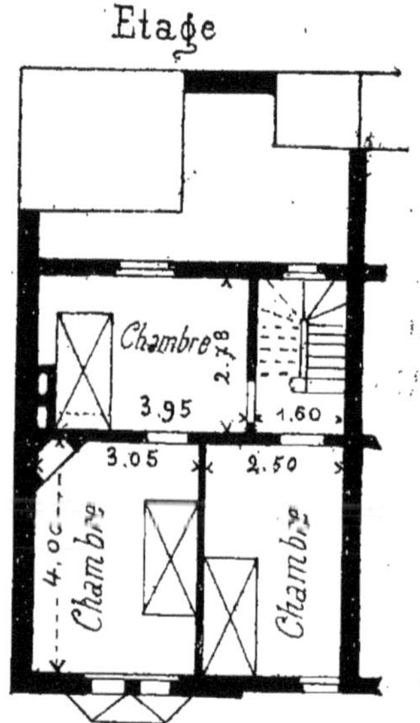

Echelle de 0.005 m/m.
par mètre

J'ai voulu me rendre compte du prix du gaz. Chaque ouvrier paye le gaz 0 fr. 24 le mètre cube, alors que les consommateurs habituels de l'usine de la vallée le paient 0 fr. 25, en ayant à leur charge tous les frais d'installation d'appareils et les réparations, tandis que les ouvriers habitant la cité n'ont à payer aucun de ces frais élevés. Le prix de 0 fr. 24 le mètre cube se trouve donc de ce fait correspondre à un prix beaucoup moins élevé. C'est grâce à la consommation élevée et à la garantie de recette faite à la Compagnie du gaz que MM. Badin peuvent faire bénéficier leurs ouvriers de cette réduction.

Une Commission particulière visite les logements ouvriers afin de s'assurer de leur bonne tenue, et chaque année des récompenses, consistant en objets mobiliers, sont attribuées par la Commission aux familles qui se distinguent le plus par le soin, la propreté des maisons et la tenue des jardins.

ÉCOLES, SALLES D'ASILE, ÉCOLE DE FILLES
ORPHELINAT, ÉCOLE DE GARÇONS
COURS SPÉCIAL DE DESSIN

Après la maison, les ouvriers sont particulièrement heureux du voisinage des écoles, car elles leur permettent de vaquer librement à leurs travaux, les enfants étant à l'abri des accidents de la rue.

La *salle d'asile* reçoit les enfants des deux sexes du premier âge, jusqu'à six ans ; elle les accepte le matin à l'heure du travail et les conserve jusqu'au soir, ce qui permet à la jeune mère de famille de faire sa journée complète et en toute sécurité.

L'*école des filles* reçoit les plus grandes et poursuit leur instruction jusqu'à l'âge de treize ans.

Ces deux classes ont été créées par M. Badin en 1864, et il les avait faites obligatoires pour tous les enfants de ses ouvriers, devançant en cela la loi de 1882 sur l'obligation qui est loin d'avoir encore produit, sur plus d'un point, les résultats attendus.

Pour la salle d'asile et l'école de filles, MM. Badin prennent à leur charge toutes les dépenses particulières et le traitement des institutrices.

Une école particulière de garçons a été ouverte en 1880; mais la difficulté de se procurer des maîtres et l'augmentation toujours croissante de la population du quartier rendirent la publicité indispensable.

MM. Badin donnèrent à la commune la jouissance du local et du mobilier scolaire et assurèrent le logement des quatre maîtres qui la dirigent.

Un cours supplémentaire de dessin est fait, à tous les enfants qui sont dirigés sur les ateliers de réparations, par un Ingénieur de l'établissement, qui s'occupe également de développer leur instruction, dans le but d'en former des contremaîtres capables. C'est ainsi que plusieurs élèves de ce cours ont été envoyés par MM. A. Badin et Fils à l'Ecole pratique d'Industrie de Rouen.

Au point de vue éducatif et moral, il est une fondation toute particulière, créée en 1884 par M. Badin, c'est *l'orphelinat de jeunes filles.*

A cette époque, un père de famille avait abandonné ses sept enfants; les garçons furent recueillis dans des familles particulières, et les jeunes filles furent confiées aux Sœurs dirigeant les écoles; puis, à ces enfants, vinrent se joindre les enfants abandonnés qui furent confiés à M. Badin, par l'Assistance publique, dans le but de leur apprendre à vivre en travaillant.

Un local fut aménagé spécialement à cet effet; il comprend plusieurs dortoirs spacieux et aérés, pourvus de lits et placards pour chaque orpheline, de lavabos particuliers.

La cuisine de l'orphelinat peut faire chauffer et cuire les aliments des ouvriers qui trouvent à leur disposition plusieurs salles de réfectoire avec tables et bancs; on leur vend quelques portions à prix très réduit et du cidre à 0 fr. 10 le litre.

Les orphelines ont leur réfectoire particulier, salles de lingerie, de bains, en un mot tout le confort désirable.

Les écoles de jeunes filles et l'orphelinat sont dirigés par les Sœurs de la Congrégation de Saint-Joseph d'Abbeville; elles veillent avec soin sur les jeunes orphelines en dehors des heures de travail.

Chacune des orphelines reçoit sa paye, comme les autres ouvrières; les religieuses veillent à leur entretien et à leurs dépenses particulières ; leurs économies sont versées aux bureaux des hospices dont elles relèvent.

Déjà, bon nombre d'orphelines se sont mariées, avec une dot variant de 600 à plus de 1,500 francs et leur trousseau.

L'Assistance publique, satisfaite des bons résultats obtenus, a augmenté le nombre des orphelines, et l'orphelinat compte actuellement cent vingt jeunes filles ; de plus, un essai comparatif est fait actuellement par M. Badin : il consiste à placer les jeunes gens orphelins (garçons et filles) dans les meilleurs familles habitant la cité ouvrière, où ces jeunes gens sont élevés absolument comme les enfants de la famille ; ils sont, en outre, sous la surveillance spéciale d'un chef préposé, qui veille à leurs besoins et à leur entretien.

A ces institutions de premier ordre, viennent se joindre deux œuvres purement patronales, je veux dire essentiellement créées par M. Badin, qui en supporte les charges sans le concours de ses ouvriers, et voici comment M. Badin m'explique leur nécessité :

C'est dans la vieillesse que la misère, conséquence de l'imprévoyance, s'appesantit le plus sur l'ouvrier; aussi est-ce à moi d'être le plus prévoyant.

Je ne puis mieux faire que de citer textuellement une note personnelle de M. A. Badin, qui sert de préface aux statuts de la CAISSE DE PRÉVOYANCE ET DE RETRAITE :

« Désireux de donner aux ouvriers de mes établissements la preuve de ma sollicitude et de l'intérêt que je leur porte, j'ai décidé de prendre sur les bénéfices qui pourraient être faits, et toutes les années où il y en aurait, une somme qui sera déterminée chaque année et distribuée suivant les conditions du règlement qui suit :

» Le but de ces répartitions est d'arriver à former une Caisse de prévoyance et de retraite qui permettra de venir en aide aux ouvriers que l'âge rendra incapables de travailler.

» A cette époque de leur vie, où actuellement, à part les prévoyants, et leur nombre en est bien minime, la plupart d'entre eux se trouvent sans ressources, ils pourront toucher la totalité des sommes qui leur auront été attribuées, grossies par l'intérêt qu'elles auront produit.

» J'espère arriver ainsi à atténuer, dans un temps déterminé, la misère dans laquelle se trouvent, sur leurs vieux jours, bon nombre d'ouvriers que l'âge rend incapables de travailler et qui restent sans aucune ressource.

» A. BADIN. »

31 décembre 1890.

Le 1er juillet 1893, M. A. Badin formait,

avec son fils M. Georges Badin, une Société sous la raison sociale A. Badin et Fils.

« La nouvelle Société, heureuse de s'associer à une œuvre qui pourrait rendre les plus grands services au personnel des établissements, a de suite décidé la continuation de la Caisse de prévoyance et de retraite dans les conditions ci-après (31 décembre 1893). »

Cette Caisse de prévoyance et de retraite est régie par MM. A. Badin et Fils, assistés d'un Conseil électif de six membres.

Son but principal est la constitution d'un capital de retraite au profit de chacun des participants.

MM. Badin ont entendu que les dons faits par eux, à titre d'aliments, demeurent incessibles et insaisissables.

Sont admis à y prendre part :

Tous ceux qui, sur l'avis du Conseil, à la fin de chaque année, auront mérité de participer, suivant leur conduite, leur dévouement à la maison et le nombre de leurs années de service.

Les participants ne pourront être pris que parmi les ouvriers, hommes ou femmes, ayant vingt ans révolus et ayant passé dans l'établissement au moins cinq années consécutives.

MM. A. et G. Badin se réservent de nommer participants, lors même qu'ils n'auraient pas rempli les conditions précédentes, ceux qui se seront signalés par leurs services pendant l'année.

Le 31 décembre 1890 a été faite une première répartition, à titre exceptionnel, et, depuis, chaque année, elles sont faites au 31 décembre. Le but de ces répartitions étant surtout d'assurer à l'ouvrier, dans sa vieillesse, un certain capital, celui-ci, bien que propriétaire définitif des sommes inscrites à son livret, ne pourra les toucher qu'à l'âge de cinquante-cinq ans, ou bien en cas d'incapacité de travail dûment constatée.

Si le participant venait à décéder avant d'avoir touché les sommes qui lui revenaient, la propriété de ces sommes serait acquise à ses représentants légaux, et elles leur seraient remises.

MM. A. et G. Badin, assistés du Conseil, jugeront toujours, en dernier ressort, de tous les cas non prévus au règlement.

Au 31 décembre 1903, le compte de participation s'élève à 171,100 francs reportés sur 398 livrets.

A cette Caisse de retraite a été jointe une

CAISSE D'ASSISTANCE

qui a été l'objet d'une libéralité toute particulière de M. A. Badin qui, à l'occasion du mariage de son fils, M. G. Badin, devenu son collaborateur et associé, a doté cette caisse d'une somme de 100,000 francs, dont les intérêts à 4 o/o permettent de donner chaque année des pensions supplémentaires et des secours extraordinaires aux vieux ouvriers et aux femmes veuves.

M. A. Badin, qui a bien voulu me donner toutes ces explications, veut encore, avant de me quitter, que je prenne contact avec les Administrateurs des nombreuses Sociétés des établissements, de façon à pouvoir me rendre un compte exact de ce qui se passe ici.

Il me présente à MM. Baudu et Leport, tous deux attachés à la filature de lin, le premier comme directeur commercial, le second en qualité de directeur technique.

J'ai été particulièrement heureux de faire la connaissance de ces Messieurs, unis par une amitié solide et une grande conformité de sentiments, quand il s'agit des ouvriers qu'ils aiment et pour l'intérêt desquels ils secondent si bien les vues généreuses de MM. Badin.

Nous allons donc passer en revue les Sociétés purement utilitaires :

1° *La Société de secours mutuels ;*
2° *L'Association fraternelle (Caisse d'épargne) ;*
3° *La Société maternelle ;*
4° *Les bains et douches ;*
5° *La Société de pompiers.*

Puis les Sociétés récréatives :

1° *Le Cercle ;*
2° *La Société de musique ;*
3° *La Société de gymnastique ;*
4° *La Société orphéonique ;*
5° *Les Persévérants.*

SOCIÉTÉ DE SECOURS MUTUELS

Président : M. L. GILLON

Vice-Présidents : MM. H. HÉBERT et W. GUÉROUT

Secrétaire-Trésorier : M. H. MOTTAY

Cette Société a été fondée en 1873 par M. A. Badin pour ses ouvriers.

Ainsi que nous l'explique l'article 1er des statuts, cette Société a pour but d'assurer des secours aux ouvriers employés dans les établissements lorsqu'ils sont malades.

Ces secours se composent de :

1° Soins du médecin ;

2° Médicaments ;

3° Indemnité pour le temps de maladie.

Les ressources de la Société sont fournies par des cotisations de membres honoraires, la cotisation personnelle de M. A. Badin et les amendes retenues dans les divers ateliers,

Plus une cotisation mensuelle des membres participants, fixée comme suit :

Pour les enfants de 13 à 15 ans.. » fr. 40
Pour les femmes et les jeunes gens
    de 15 à 18 ans................. 1   »
Pour les hommes............... 1   25
L'indemnité allouée au malade pendant le temps de la maladie est de :
Pour les femmes et les jeunes gens
    de 15 à 18 ans.............. » fr. 50
Pour les hommes............. 1   25

Les femmes, pendant leurs couches, ont droit à une indemnité de 12 francs, médecin et médicaments, à la condition qu'elles né reprendront pas leur travail avant le vingt-unième jour.

La Société de secours mutuels est administrée par un Conseil spécial assistant les Président et Vice-Présidents désignés, et composé d'un nombre de membres proportionné au nombre de sociétaires à raison de 2 o/o.

Le Conseil d'administration s'adjoint, chaque année, des membres visiteurs chargés de voir les malades et de s'assurer qu'ils reçoivent bien les secours demandés par leur état; des médailles sont accordées aux membres visiteurs qui remplissent le mieux leurs fonctions.

La Société s'est assuré le concours spécial

du Docteur habitant l'une des dépendances de la cité industrielle.

La Société pourvoit, en outre, aux frais d'inhumation des sociétaires.

La Société de secours augmente chaque année son capital de réserve, et, depuis quelque temps, elle a pu servir des retraites aux anciens ouvriers.

Le nombre des sociétaires est de 2,020 membres, et son capital s'élevait au 10 décembre 1903 à 152,174 fr. 65.

C'est un capital sagement économisé, et les ouvriers doivent être heureux d'une telle institution.

M. A. Badin a contribué pour la plus grande partie à ce succès, en aidant la Société de ses deniers, en acceptant de servir un intérêt à 4 o/o pour ledit capital, en aidant puissamment le Conseil d'administration de ses bons conseils, et aussi en se faisant rendre compte journellement du nombre de malades et de la gravité de leur maladie.

ASSOCIATION FRATERNELLE

Président : M. C. LEPORT
Vice-Président : M. G. BAUDU—*Secrétaire* : M. POISSANT
Trésorier : M. LESEUX

Ici prend place, par ordre de date de création, une Société toute particulière qui fait le plus grand honneur à ses inspirateurs, MM. Badin, et aux Membres du Comité d'administration, qui ont eu la hardiesse et la fermeté de l'organiser.

La Société de secours mutuels demande le concours bienveillant et désintéressé du patron ; le sociétaire n'apporte que sa cotisation.

Dans l'Association fraternelle, point de cotisations ; il faut que chaque sociétaire joigne son effort personnel à ceux de ses camarades.

L'Association cherche tout d'abord à développer entre ses membres un bon esprit de confraternité, puis tous les moyens à employer pour atténuer les difficultés de la vie et augmenter le bien-être des familles.

Pour atteindre le premier but, l'Association

organise de fréquentes réunions, et dans des conférences tout intimes, on traite les questions du jour, on y parle science, histoire et géographie avec projections lumineuses, on y fait beaucoup de lectures afin de développer chez tous le goût du livre.

Grâce à ces intéressantes causeries, une bonne et amicale entente s'établit entre les membres et tous y gagnent quelque chose.

Pour répondre au second point proposé, l'Association a préconisé avant tout l'épargne comme le meilleur moyen d'améliorer le sort des familles ouvrières, en application de ce vieil adage de Benjamin Franklin :

« Sac vide ne tient pas debout. »

(Science du Bonhomme Richard.)

Les ouvriers, en général, n'économisent pas, ou très peu.

Ils en sont empêchés par les difficultés de la vie, et puis les moyens matériels manquent souvent : ils n'ont pas toujours sous la main une Caisse d'épargne publique.

Beaucoup d'ouvriers hésitent et s'abstiennent quand ils ne peuvent prélever sur la paye d'une quinzaine que la pièce de 1 franc, minimum exigé par la Caisse d'épargne publique.

De plus, ils redoutent de se trouver dans la nécessité d'attendre leur tour de versement pour une somme aussi modique, quand il leur est donné surtout de voir passer devant eux des gens plus fortunés ; ils ne s'y présentent donc pas et le franc qui aurait pu être économisé se trouve dépensé.

L'Association fraternelle a voulu faciliter l'épargne, rendre tous les versements possibles si minimes qu'ils soient, et voici comment elle procède :

Le jour de chaque quinzaine, au moment où les contremaîtres remettent la paye à chacun de leurs ouvriers, ils leur demandent ce qu'ils veulent laisser à la Caisse d'épargne. Tous les affiliés à l'Association tiennent à honneur de continuer ce qu'ils ont si bien commencé, et chacun d'eux verse au contremaître 30 ou 50 c., 1 ou 2 francs, le plus possible. Mais le contremaître reçoit tout et délivre un reçu provisoire, comme MM. les Instituteurs le font avec leurs élèves dans les Caisses scolaires.

Chaque contremaître porte le montant des économies au trésorier chargé de centraliser tous les versements, qui dresse un bordereau général. Cet état est transmis avec l'argent et les livrets à la Caisse d'épargne de Rouen, qui remet les livrets quelques jours après; ces livrets restent aux mains des déposants.

Grâce au concours des directeurs, contre-maîtres et trésoriers, les bons résultats ont répondu à l'attente générale; cette institution, qui avait effectué son premier versement le 3 février 1894, comprenait, au 26 décembre, 1,790 déposants ayant versé à la Caisse d'épargne

à Rouen .... 197.918 f. »

150 orphelins et orphelines dé-

posants ayant versé aux

bureaux des Hospices.. 161.952 60

1,940   359.870 f. 60

Ce résultat se passe de tout commentaire; on ne peut qu'émettre le vœu que cet essai se généralise dans tous les établissements indus-triels.

L'Association joint à ce moyen pratique une action morale, en cherchant à faire comprendre aux ouvriers combien il est utile d'économiser, et comment on peut le faire sans gêner les besoins indispensables de la famille, mais bien en s'imposant largement de supprimer le superflu individuel, conseillant surtout aux ouvriers de prendre des habitudes d'ordre et de tempérance.

J'ai dit, au commencement de cet article sur l'Association fraternelle, que l'effort individuel de chacun de ses membres était indispensable.

Mais dans cette institution, comme dans toutes les œuvres des établissements, MM. Badin ne cessent d'encourager leurs ouvriers quand il s'agit de leur bien-être, et voici comment s'exerce leur sollicitude : l'assiduité des sociétaires aux réunions, conférences, entre en ligne de compte pour la répartition des bénéfices, et, de plus, ne peuvent espérer prendre part à la répartition annuelle des bénéfices que ceux qui peuvent justifier avoir économisé dans l'année au moins 2 o/o de leur salaire, à moins d'impossibilité reconnue.

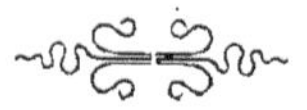

SOCIÉTÉ MATERNELLE

Parallèlement aux institutions ouvrières dues à l'initiative de M. Badin fonctionnait, depuis la fondation des établissements, un bureau de bienfaisance, objet des préoccupations constantes de Mme Badin, qui recevait personnellement les mères de famille et les ouvrières, s'enquérant elle-même de leurs besoins particuliers et remettant à chacune les secours dont la nécessité était justifiée.

Le personnel ayant considérablement augmenté en même temps que les difficultés de la vie, M. Badin a désiré donner une organisation spéciale à ce bureau de bienfaisance, et il a demandé à Mme Georges Badin de vouloir bien s'inspirer des vues généreuses de Mme A. Badin, et de former un Conseil d'administration avec les dames des directeurs, employés, et d'un certain nombre de dames de contremaîtres, de manière à s'assurer que les familles vraiment dignes d'être aidées le soient efficacement. Le dit Conseil a donc pour

Présidente d'honneur.   Mme A. BADIN.
Présidente.   Mme G. BADIN.
Vice-Présidente.   Mlle A. BADIN.

Il organise les visites à domicile et la répartition directe des secours accordés

Pour faciliter les visites à domicile, les Dames du Comité se sont partagé les différentes rangées de la cité ouvrière ainsi que les diverses parties de la commune de Barentin et des communes voisines. Deux Dames visitent les mêmes familles.

Le Conseil d'administration de la Société maternelle, à l'aide des ressources fournies par MM. et Mmes Badin, et des cotisations des Membres honoraires et celles des Dames visiteuses, a constitué une réserve d'objets de literie de première nécessité, de vêtements, chaussures, etc., pour les enfants nouveau-nés, les enfants des écoles.

Le Comité comprend également dans ses secours la distribution de pain, viande, vin et autres denrées pouvant le mieux convenir à l'état des malades en traitement ou aux vieillards comme réconfortants.

Mmes Badin ont porté leur attention toute particulière sur la literie des familles, car c'est la partie du mobilier qui demande le plus d'entretien, surtout en raison de l'état de propreté désirable pour les enfants et les malades, et pour tout le monde en général.

Aussi, pour faciliter l'achat ou le renouvellement de literie, Mmes Badin ont fait l'avance du prix d'achat de soixante lits et ont accordé en plus, aux familles nécessiteuses, une paire de draps pour récompenser et encourager les mères de famille. Chaque année, de nouveaux achats sont faits dans les mêmes conditions.

Les moyens d'action de cette Société sont très efficaces, car tous les malades reçoivent immédiatement les secours nécessaires, et, plus encore, cette attention délicate qui fait du bien.

LES BAINS

L'hygiène de la peau est d'une importance capitale; malheureusement elle est fort rarement réalisée, et cela pour plusieurs causes.

D'abord, le manque d'eau dans certains pays; dans d'autres, il n'y a pas d'établissement de bains, où, s'il en existe, le tarif en est trop élevé; de plus, la mauvaise volonté de gens qui croient la chose peu nécessaire et regardent les bains comme un surcroît de travail : ils n'ont ni le temps ni l'habitude. A la campagne, on peut affirmer qu'à l'exception des hommes qui ont passé par le régiment, personne ne prend de bains.

L'hygiène corporelle a cependant fait beaucoup de progrès, et, malgré cela, il n'y a qu'un nombre relativement restreint d'individus qui peuvent ou qui sont forcés d'être propres, leur situation le leur permettant ou leur métier les y obligeant : le plus grand nombre est peu soucieux des soins du corps.

L'élevage des enfants, tel qu'il est fait actuellement, et l'éducation telle qu'on la pratique, contribuent pour une part à ce manque d'hygiène physique.

En ville, on baigne rarement les enfants ; chez les ouvriers, les paysans, jamais.

Ce sont toutes ces considérations qui ont amené MM. Badin à se préoccuper vivement de cette question intéressante des bains.

Ils firent établir, tout d'abord, une grande piscine de natation pour les jeunes gens et les hommes, qui purent s'y baigner, à des heures déterminées, sous la surveillance de moniteurs de gymnastique chargés des leçons de natation.

Puis ils organisèrent, dans un corps de bâtiment faisant suite au logement du concierge chargé de la surveillance de la prairie des jeux, et qui, en même temps, fut chargé de la surveillance, des bains chauds. Cette innovation a rendu de précieux services, surtout aux mères de famille et aux jeunes filles qui ont pu profiter de cette organisation particulière.

L'orphelinat avait déjà des salles de bains particulières.

Il m'a paru partout intéressant de retenir les prix fixés pour les différents bains :

Bain-douche . . . . o fr. o5
Bain en baignoire . . . . o fr. 15
Bain en baignoire (réservé) . o fr. 20

d'autant mieux que je remarque encore qu'il a

été donné en 1903, à titre purement gratuit, 251 douches et 152 bains à des grandes personnes, et 450 douches aux élèves des écoles primaires. C'est en habituant les enfants de bonne heure à prendre douches et bains qu'ils persévèreront dans cette bonne voie. Du reste, les Administrations préfectorale et académique ont donné des instructions en ce sens aux Instituteurs et Institutrices.

Avant de passer aux Sociétés purement récréatives, je signale la Société de Pompiers, dont l'utilité se fait principalement sentir dans les établissements de filature.

SOCIÉTÉ DE POMPIERS

La Société de Pompiers a été établie en 1863 ; elle est composée d'hommes choisis, dont le concours est complètement désintéressé.

Elle est dirigée par un Comité composé comme suit :

Capitaine............ MM. L. Gillon.
Lieutenant....... Hébert.
Sergent-major ... Duclos.
Sergent-fourrier. Lucas.
Caporaux .... Doucet et Blondel.

Les pompiers sont chargés de l'entretien et de la manœuvre des deux pompes des établissements. Ils sont tenus au courant du trajet des principales conduites d'eau et des robinets d'alimentation qui peuvent être utilisés en cas d'incendie ; MM. Badin leur donnent un uniforme de service.

Les établissements sont pourvus des appareils extincteurs Grinnell et pompe à vapeur.

La manœuvre des pompes se fait le premier dimanche de chaque mois.

Plusieurs fois, dans le courant de ces dernières années, leur dévouement a été mis à contribution, aussi bien pour des sinistres survenus dans les établissements A. Badin et Fils que dans d'autres établissements industriels de la vallée, et toujours les pompiers se sont fait remarquer par leur ardeur et leur bonne tenue.

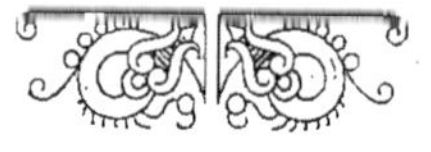

CERCLE

DES ÉTABLISSEMENTS A. BADIN & FILS

Présidents d'honneur : MM. A et G. BADIN
Président honoraire : M. G. BAUDU

Président : M. LOUAIL
Vice-Présidents : MM. Leport et Morel
Secrétaire : M. Roger — *Trésorier* : M. Marliot

Il me reste à parler des Sociétés récréatives des établissements et de l'institution du Cercle qui les réunit et les résume.

Ainsi que je l'ai dit, à l'occasion de l'Association fraternelle, il devenait indispensable d'avoir pour les différentes réunions et conférences des salles libres et se prêtant par leurs dispositions à toutes les transformations désirables.

Voilà pourquoi M. A. Badin, voulant avant tout faciliter l'essor de toutes les Sociétés, a fait construire ce magnifique bâtiment que j'ai appelé sans crainte le Palais ouvrier.

En pénétrant par l'entrée monumentale, sur la route de Duclair, on trouve un très grand vestibule sur lequel s'ouvrent les appartements du concierge et l'entrée principale de la salle des fêtes. Cette grande salle convient à un grand nombre d'attractions.

Tout d'abord, elle sert pour les ébats de la Société de gymnastique et comme salle de tir. Puis, elle est tantôt utilisée pour des conférences, et tantôt par les Sociétés de musique et par l'Orphéon qui donnent des concerts ou des soirées dramatiques dont les principaux acteurs sont les jeunes gens des Sociétés.

Lors des grandes fêtes de la famille de M. Badin, elle est transformée en salle de banquet pour les comités des diverses Sociétés, et même pour tous les ouvriers.

Pour se bien faire une idée de la grandeur de la salle, qu'il me suffise de dire que dans les soirées de conférences ou concert, on peut y réunir 1,500 personnes commodément assises ; de même dans les banquets offerts par M. Badin, ainsi qu'on l'a fait à l'occasion du mariage de M. Georges Badin et pour fêter le cinquantenaire de direction de M. A. Badin (10 octobre 1897). Nous devons ajouter, pour être complet, que l'on peut y organiser des soirées dansantes fort goûtées par les ouvriers.

Cette grande salle a été inaugurée officiellement le 30 avril 1892 par M. le Préfet de la Seine-Inférieure, en présence de M. Waddington, Sénateur, MM. Lebon et Siegfried, Députés.

En dehors de cette salle de fêtes, la Musique et l'Orphéon ont leurs salles respectives pour leurs répétitions ; la salle de l'Orphéon sert, en outre, aux petites réunions de l'Association fraternelle ; elle peut contenir 200 personnes. La salle de Musique peut être transformée en salle à manger pour des repas de corps ou de familles qui en font la demande, à l'occasion d'un mariage ou autres réunions nombreuses ; une cuisine aménagée à cet effet permet aux familles de s'occuper sans frais de leurs propres repas.

Un large escalier donne accès au premier étage ; à gauche, le petit cercle réservé aux ouvriers ; à droite, le grand cercle réservé aux directeurs, employés, contremaîtres, et les principaux ouvriers faisant partie des Conseils de Sociétés. De cette dernière salle, on passe dans la bibliothèque ou salon du cercle. C'est dans cette magnifique pièce que le Conseil d'administration du cercle tient ses séances et reçoit les invités.

Le Conseil a tenu à honneur d'orner cette salle avec un premier tableau, grande reproduction du portrait de M. Badin : l'installation de ce tableau a donné lieu à une touchante manifestation à l'égard de celui qui a tout fait pour ses ouvriers, qui ne sauraient trop se montrer reconnaissants après tant de preuves d'encouragement. On y a joint successivement les portraits de Mme A. Badin et de M. et Mme G. Badin. Les bannières des Sociétés restent exposées en permanence dans ce salon qui abrite en outre la bibliothèque et le grand plan d'ensemble en relief des usines et des cités, dressé par M. G. Baudu, avec le concours des jeunes gens des cours de dessin.

Le Conseil d'administration a autorisé le concierge de l'établissement à vendre des boissons rafraîchissantes et hygiéniques, telles que : bière, sirops, limonades, et, particulièrement, l'hiver, le vin chaud, défendant, sous aucun prétexte, la vente du café, de l'alcool et autres spiritueux.

Il est bon de signaler l'existence de larges baies ouvertes dans le vestibule et les salles du premier étage; elles permettent de jouir d'un très joli coup d'œil, quand il y a fête dans la grande salle de conférences. L'effet de perspective de ce beau bâtiment est encore rehaussé par le grand panneau décoratif qui couvre tout le fond de la salle derrière la scène.

Le Conseil d'administration, qui préside à la direction de cette institution, surveille dans leurs exercices les Sociétés de musique, de gymnastique et d'orphéon qui forment l'appoint attrayant indispensable à toutes les réunions, afin de joindre toujours l'agréable à l'utile.

Le budget particulier du cercle et des Sociétés est constitué par les dons personnels de M. Badin et les membres de sa famille. Il n'est demandé aux membres actifs, comme légère cotisation mensuelle, que :

Pour les membres du petit cercle.　o fr. 25
Pour les membres du grand cercle.　o fr. 50

L'ensemble des cotisations payées par les sociétaires est loin de couvrir les dépenses de gaz, les abonnements aux journaux, les traitements du concierge et des commissaires des fêtes, l'achat et l'entretien des instruments de musique, des appareils de gymnastique, les uniformes particuliers des Sociétés, les frais extraordinaires suscités par les Sociétés dans les concours, les traitements des professeurs de chaque Société.

Il est donc juste de rendre une fois de plus hommage à la généreuse libéralité de MM. Badin, qui tiennent à récompenser tous les efforts de leur personnel, et leur plus douce satisfaction, c'est la joie qu'ils éprouvent quand ils se rendent avec leur famille au milieu de la grande famille ouvrière, et qu'ils ont l'occasion de féliciter l'une ou l'autre des Sociétés qui revient victorieuse d'un concours, ou qu'ils peuvent proclamer bien haut un bon résultat.

Il me reste à clore cet exposé en parlant des trois Sociétés qui, par leur union, sont à même de pouvoir organiser ces belles fêtes du Cercle.

SOCIÉTÉ DE MUSIQUE

Président : M. LEMOINE
Vice-Président : M. X... — *Secrétaire* : M. AUFRAY
Chef : M. CLARET

La Société de Musique est la sœur aînée fondée en 1872 ; elle se compose actuellement de 45 exécutants ; elle est classée en 2ᵉ division 1ʳᵉ section de fanfares avec saxophones.

Elle a eu successivement pour chefs : M. Crevel, de 1872 à 1878, et M. Bertaux, de 1878 à 1895. Ce dernier, pendant dix-sept années consécutives, dirigea la Société de Musique ; c'est grâce au zèle qu'il a déployé que la Société a remporté de nombreux succès dans les concours auxquels elle a pris part dans cette longue période, et qu'elle a pu passer de la 3ᵉ section à la 1ʳᵉ section de la 3ᵉ division.

Après la retraite de M. Bertaux, la fanfare fut un certain temps sans chef. Cependant, en 1896, elle put prendre part au concours de Honfleur, sous la direction de M. Bergeret, professeur à Rouen.

C'est au mois d'avril 1897 que la direction fut confiée à M. Claret, jeune et habile musicien du 74e régiment de ligne ; il conduisit avec succès la Société aux concours de Bernay, Dieppe, Versailles, Fécamp, Montreuil-sous-Bois et Saint-Romain-de-Colbosc.

La Société a obtenu une ample moisson de lauriers ; aussi nombre de médailles, palmes et couronnes ornent sa bannière.

Je souhaite bonne chance pour l'avenir à cette Société méritante, et qu'elle retrouve dans les futurs concours les succès obtenus dans ceux de Caudebec-lès-Elbeuf (1875), Brionne (1877), Pont-Audemer (1880), Louviers (1882), Le Havre (1883), Rouen (1884), Fécamp (1885), Pavilly (1885), Duclair (1886), Saint-Romain (1886), Lillebonne (1886), Rouen (1889), Pavilly (1890), Caudebec-en-Caux (1891), Rouen (1892), Fécamp (1892), Sotteville-lès-Rouen (1893), Le Havre (1894), Bourg-Achard (1895), Honfleur (1896), Bernay (1897), Dieppe (1898), Versailles (1900), Fécamp (1901), Montreuil-sous-Bois (1902), Saint-Romain-de-Colbosc (1903).

SOCIÉTÉ DE GYMNASTIQUE

Président : M. HÉBERT — *Vice-Président* : M. DUCLOS
Secrétaire : M. MOTAY
Moniteur-Chef : M. G. GREUX
Moniteur-adjoint : M. DESHAYES

La Société date de 1892.

Développer les forces physiques et morales des jeunes gens, et en même temps former leur cœur et meubler leur intelligence, les habituer à soumettre leur volonté à une discipline qui, sans être sévère, sait cependant demeurer toujours ferme, faire de ces jeunes gens des hommes forts et énergiques qui deviendront de bons soldats et plus tard de bons citoyens : tel a été le but de cette création.

Modeste dans ses débuts, la Société comptait une vingtaine de membres seulement, auxquels un instituteur-adjoint de l'école de la vallée enseignait les premiers éléments de la gymnastique comme moniteur.

Au mois de mars 1893, la Société donne son son adhésion aux statuts de l'Association normande des Sociétés de gymnastique de la Normandie et prend rang parmi les Sociétés affiliées à cette Association.

Pendant les trois premières années, de 1892 à 1895, MM. Carpentier, Darger et Dupuis donnent tour à tour leurs meilleurs soins à la Société qu'ils conduisent aux concours de Caudebec (1893) et Dieppe (1894); après le départ de M. Dupuis, et pour obvier à l'inconvénient sérieux d'avoir un nouveau moniteur à chaque renouvellement d'année scolaire, un moniteur spécial est attaché aux établissements et prend la direction de la Société.

En 1895, la Société prend un nouvel essor, et il y est adjoint une section de pupilles pour remplacer plus facilement les adultes atteints par le service militaire. Les deux sections réunissent un effectif de 50 membres.

Ainsi constituée avec ses deux sections, adultes et pupilles, la Société a pris successivement part aux concours du Havre en 1895, Rouen 1896, Caen 1897, Dieppe 1898, Vincennes 1900, Pont-Audemer 1901, Lisieux 1902, Bernay 1903.

Par leurs mouvements d'ensemble, par leurs exercices particuliers aux agrès, et surtout leurs ballets parfaitement étudiés et présentés par leurs moniteurs, ils tiennent une large part dans les soirées du cercle.

Par leur discipline, ils se montreront toujours dignes du beau nom donné à leur Société : *Le Progrès de Barentin*.

SOCIÉTÉ ORPHÉONIQUE

Président : M. Thomas — *Vice-Président* : M. Olivier
Secrétaire : M. Marliot — *Archiviste* : M. Hue
Directeur : M. G. Baudu — *Sous-Directeur* : M. Eliot

La Société orphéonique fut fondée en septembre 1892.

Aux musiciens, il fallait joindre des chanteurs pour les soirées du cercle; c'est ce qui a fait naître l'idée de former ce groupe qui comprend aujourd'hui cinquante exécutants. Il fait certainement espérer les meilleurs résultats pour l'avenir, grâce à l'impulsion énergique de son chef.

Les sentiments qui animent particulièrement les jeunes gens de l'Orphéon sont à leur louange; du reste, leur organisateur a tenu à faire inscrire sur leur belle bannière ces beaux vers de Béranger à Wilhem, le fondateur des Orphéons français :

> Les cœurs sont bien près de s'entendre
> Quand les voix ont fraternisé.

Jeunes gens, gardez ce bon esprit de confraternité, que l'on ne saurait trop voir se développer dans la société en général, et les groupes ouvriers en particulier.

La Société orphéonique a pris part aux concours de Dieppe 1893, Le Havre 1894, Bourg-Achard 1895, Honfleur 1896, Bernay 1897, Vimoutiers 1898, Levallois-Perret 1900, Harfleur 1901, Lille 1902, Sanvic 1903.

Elle concourt en 3e division, 2e section.

Avant de quitter ces trois Sociétés intéressantes, je tiens à constater combien ces concours sont efficaces, car non seulement ils font naître une louable émulation, excitent les efforts de tous, mais ils font connaître aux jeunes gens bon nombre de villes qu'ils n'auraient jamais visitées. C'est ainsi qu'ils ont parcouru tout le nord-ouest de la France compris entre Le Havre, Paris et Lille. Quelles bonnes leçons de géographie!

Puisque j'ai été amené à parler de ces voyages réitérés, je ne puis m'empêcher de citer celui dont on m'a parlé incidemment et dont le souvenir est toujours vivace.

Je veux parler de la visite faite par les ouvriers à l'Exposition de 1900.

MM. A. et G. Badin ont offert, le 26 août 1900, le voyage à leurs 2,000 ouvriers, et sous la direction personnelle de M. G. Badin, accompagné de ses directeurs, les ouvriers furent guidés de palais en palais, et tous revinrent enchantés de leur séjour à Paris.

Le souvenir de cette imposante manifestation fait le meilleur éloge des patrons qui l'ont organisée et qui en ont assuré l'exécution en prenant tous les frais à leur charge, et aussi des ouvriers qui ont su mériter cette belle récompense, et qui, par leur entente qu'on ne saurait trop louer, ont rempli leur programme sans le moindre incident ni le moindre à-coup.

Ce voyage s'est d'autant mieux gravé dans les mémoires, qu'il a donné naissance à une Revue humoristique : *On la r'verra !!!*

Les auteurs qui avaient pris part à l'excursion ont trouvé dans les trois Sociétés de musique, de gymnastique et l'orphéon, un tel concours obligeant, qu'ils ont pu mener leur tâche à bien. C'est en visitant la salle du Conseil d'administration du Cercle que j'ai pu examiner les différentes scènes fixées par la photographie. Je ne pourrais mieux faire que de louer les auteurs et acteurs d'avoir su, par leur accord et cette touchante initiative, exprimer leur reconnaissance.

LES PERSÉVÉRANTS

Avant de quitter le Cercle, je tiens à signaler un groupement de jeunes gens qu'on a appelés « LES PERSÉVÉRANTS ».

Cette association moralisatrice est née à la suite d'un désir exprimé par MM. A. et G. Badin dans une lettre adressée aux Membres du Conseil d'administration du Cercle.

« Il nous est pénible de constater que les jeunes gens, malgré la fréquentation obligatoire de l'école jusqu'à l'âge de treize ans, ne tardent pas à oublier, même complètement, le peu de connaissances qu'ils y ont acquises.

» Cela tient évidemment à ce que ces jeunes gens, pendant les années qui s'écoulent depuis leur sortie de l'école jusqu'à leur entrée au régiment, sont le plus souvent abandonnés à eux-mêmes. Ils échappent facilement à la surveillance des parents, qui ne s'en occupent que peu ou point, et il ne leur reste pour guide que le mauvais exemple de la rue qui les conduit rapidement, avec ses inévitables conséquences, au cabaret et au libertinage le plus complet.

» Les bons conseils d'autrefois sont effacés par une soif d'indépendance qui fait méconnaître souvent le respect dû aux personnes, à la famille et à la Société.

» Comment remédier à cet état de choses ?

» Le Gouvernement a édicté la loi sur l'obligation de

l'école (obligation que nous appliquions ici vingt ans avant qu'on nous en fasse une loi). Il faudrait donc lui demander encore de nouveaux règlements pour tenter une amélioration. Mais il ne peut tout faire, et il est du devoir de tout bon citoyen de lui venir en aide ; il faut que de nouvelles institutions dues à l'initiative privée lui viennent en aide pour compléter ce que la loi n'a pas prévu et préparer ces modifications reconnues indispensables.

» On ne vit pas exclusivement des efforts de l'intelligence, des résultats du travail, mais aussi par le cœur, et c'est au cœur de ces jeunes gens que nous devons nous adresser pour les élever au-dessus d'eux-mêmes, afin d'en faire des enfants respectueux, des travailleurs éclairés et courageux, des soldats énergiques et disciplinés, et plus tard des pères de famille aimants et dévoués pour leurs enfants, disposés à faire pour les autres ce que nous leur aurons appris à faire pour eux-mêmes.

» Nous vous demandons donc de vous unir à nous pour n'être plus indifférents aux choses instructives et éducatives de la jeunesse, et prendre au contraire cette initiative nécessaire, indispensable, pour que l'école profite réellement aux uns, et que les autres trouvent à la sortie des écoles des guides sûrs en dévoués, des protecteurs naturels dans leurs chefs.

» De cette façon, nous viendrons en aide au Gouvernement et nous lui demanderons de nous aider en nous assurant le concours indispensable des instituteurs de notre quartier.

» A. BADIN ET FILS. »

Rouen, le 10 mars 1895.

Pour répondre au désir exprimé par MM. A. et G. Badin dans la lettre qui précède, le Conseil d'administration du Cercle des établissements, dans sa séance du 21 mars 1895, décida la création d'une association morale et instructive pour les jeunes gens et en régla l'organisation par des statuts particuliers.

Tous les jeunes occupés dans les établissements peuvent y être affiliés et prendre part aux exercices en deux groupes :

1° Les pupilles, comprenant tous les jeunes gens de 13 à 16 ans;

2° Les adultes, comprenant tous les jeunes gens de 16 à 20 ans.

MM. les Instituteurs du quartier sont chargés des entretiens et dirigent les jeux organisés l'hiver ou les jours de mauvais temps dans la grande salle du Cercle.

L'été on organisera des jeux en plein air ou des promenades d'excursion.

Les cours particuliers mis à la portée des jeunes gens sont organisés comme suit, les mardi, mercredi et vendredi de chaque semaine :

1° Cours d'études primaires ;

2° Cours de mathématiques et de dessin.

De plus, les Sociétés de musique (fanfare

et orphéon), ainsi que la Société de gymnastique, ont leurs cours spéciaux les mêmes jours.

Nous espérons que cette Association réussira pleinement et aidera au recrutement des Sociétés précédemment citées, et le groupement particulier des adultes aura pour résultat de former de bons ouvriers économes et instruits, et aussi de dévoués citoyens.

Mon programme se trouvant rempli, je songe au départ, en remerciant MM. les Présidents et Administrateurs de tous les renseignements obligeants qu'ils viennent de me donner.

Je cherche à revoir M. A. Badin avant de quitter définitivement les établissements; je le retrouvai au moment où il donnait un dernier coup d'œil sur une nouvelle installation à la filature de coton; je lui dis combien j'étais satisfait d'avoir pu revoir ce que j'avais tant admiré dans ma première visite, et, en même temps, heureux d'avoir à constater les nombreux progrès réalisés depuis dix ans.

M. A. Badin me dit alors : Que voulez-vous ? il faut bien s'efforcer sans cesse de faire mieux en industrie, sous peine de se voir distancer sur les marchés.

Nos œuvres sociales ont suivi également leur développement normal avec le bon concours de nos ouvriers, car tous s'y prêtent de leur mieux, et c'est grâce à cette union générale que nous avançons. Il ajouta : Puisque vous vous dirigez sur Barentin, si vous voulez m'accompagner, vous verrez encore quelque chose de nouveau. Comme Maire de Barentin, je fais procéder à l'installation d'un Hospice-Hôpital régional, et voici comment j'y ai été amené :

Il y a quelques années, Mme Rouland, née Caroline Boudehan, léguait à la commune de Barentin un immeuble situé sur le plateau des Campeaux, avec une somme importante pour que les vieillards puissent être recueillis. J'ai cherché depuis à en étendre les bons effets : les vieillards, qui sont encore valides et peuvent prêter leur concours aux travaux agricoles, resteront dans le bâtiment primitif. Les malades et les infirmes descendront dans le grand bâtiment que vous voyez, et que j'ai fait élever sur l'une de mes propriétés, et je fais préparer en avant un jardin d'agrément. Le Pari mutuel nous a aidés un peu, et l'aménagement intérieur est des plus confortables et mis en rapport avec les meilleures conditions hygiéniques. Ce pavillon isolé est destiné à recevoir les personnes atteintes de maladies infectieuses ou épidémiques. De plus, j'ai complété ces différents services en faisant établir un sanatorium réservé aux tuberculeux ou aux convalescents, sur le plateau et en pleine campagne, sur une propriété que j'ai donnée à la commune, de façon que cette œuvre soit à proximité du service administratif de l'hospice Rouland et pour la facilité du service médical.

Comme je faisais remarquer à M. A. Badin combien l'étude de tous ces projets devait lui prendre de temps, étant donné les soins incessants qu'il consacre à son industrie, il ne fit que sourire et ajouta :

« Tout ce que j'ai entrepris, je le devais à
» la situation que j'ai acquise dans l'industrie,
» et c'était mon devoir de chercher à élever
» constamment l'ouvrier à la hauteur des
» progrès réalisés dans les machines qu'il doit
» conduire.

» Et ce que je fais ici, je le dois encore
» par sentiment humanitaire envers mes semblables, et surtout envers ceux qui m'entourent et qui me sont particulièrement chers.

» Aussi, tant que je vivrai, je chercherai à
» rendre pratique tout ce qui peut les mener
» au bien et améliorer leur condition. »

Je serrai une dernière fois la main de
M. A. Badin, et j'aurais bien voulu en faire
autant à tous ces bons ouvriers que j'ai vus à
l'œuvre et si remplis de bonne volonté, et
leur dire combien je désire pour eux les voir
jouir, avec leur famille, des progrès accomplis,
et marcher sûrement à l'amélioration de leur
situation morale et matérielle.

M. L. B.

Rouen, 15 Janvier 1905.

RÉSUMÉ *des Institutions créées à Barentin pour améliorer la situation du Personnel des Etablissements* A. BADIN ET FILS

ŒUVRES PATRONALES.

ŒUVRES MILITAIRES.

ŒUVRES RÉCRÉATIVES.

ROUEN

IMPRIMERIE LECERF FILS

1904

www.ingramcontent.com/pod-product-compliance
Ingram Content Group UK Ltd.
Pitfield, Milton Keynes, MK11 3LW, UK
UKHW021441090726
13657UKWH00003B/1164